www.ingramcontent.com/pod-product-compliance
Lightning Source LLC
LaVergne TN
LVHW010420070526
838199LV00064B/5367
9789358723755

اسلامی شریعت میں اجتہاد کا عمل

(مضامین)

سید جلال الدین عمری

© Taemeer Publications LLC

Islami Shariat mein Ijtihaad ka Amal (Essays)

by: Syed Jalaluddin Umri

Edition: March '2024

Publisher :

Taemeer Publications LLC (Michigan, USA / Hyderabad, India)

ISBN 978-93-5872-375-5

9 789358 723755

مصنف یا ناشر کی پیشگی اجازت کے بغیر اس کتاب کا کوئی بھی حصہ کسی بھی شکل میں بشمول ویب سائٹ پر اَپ لوڈنگ کے لیے استعمال نہ کیا جائے۔ نیز اس کتاب پر کسی بھی قسم کے تنازع کو نمٹانے کا اختیار صرف حیدرآباد (تلنگانہ) کی عدلیہ کو ہو گا۔

© تعمیر پبلی کیشنز

کتاب	:	**اسلامی شریعت میں اجتہاد کا عمل** (مضامین)
مصنف	:	**سید جلال الدین عمری**
پروف ریڈنگ / تدوین	:	اعجاز عبید
صنف	:	مذہب
ناشر	:	تعمیر پبلی کیشنز (حیدرآباد، انڈیا)
سالِ اشاعت	:	۲۰۲۴ء
صفحات	:	۳۶
سرورق ڈیزائن	:	تعمیر ویب ڈیزائن

پیش گفتار

جامعہ دارالسلام عمرآباد نے اپنی تاسیس کے پچاس سال مکمل ہونے پر ۱۶۔۱۸ اپریل ۱۹۷۷ء میں جشن طلائی منایا تھا۔ اس مناسبت سے جمعیت ابنائے قدیم جامعہ نے 'صحیفہ' کے نام سے ایک ضخیم یادگار مجلہ شائع کیا۔ یہ مضمون اسی کے لیے جنوری ۱۹۷۷ء میں تحریر کیا گیا اور مجلہ میں شائع ہوا۔ اب اسی کو نظر ثانی اور ضروری اضافوں کے ساتھ یہاں پیش کیا جا رہا ہے۔

(جلال الدین عمری)

تعارف

اسلام نے شریعت کا ایک جامع اور مکمل نظام عطا کیا ہے۔ اس کا تعلق انسان کی پوری انفرادی و اجتماعی زندگی سے ہے۔ لیکن احکام شریعت مختلف نوعیت کے ہیں۔ بعض احکام اصولی قسم کے ہیں۔ ان کی تفصیلات نہیں فراہم کی گئی ہیں۔ اس کے برعکس بعض احکام کی جزئیات اور تفصیلات بھی بیان ہوئی ہیں۔

اسلامی شریعت کا بڑا حصہ عبادات سے متعلق ہے۔ شریعت میں نماز، روزہ، زکوٰۃ، حج، نذر، قربانی اور ان جیسی دوسری عبادات کے بارے میں جتنے تفصیلی احکام موجود ہیں، اتنے تفصیلی احکام زندگی کے کسی اور شعبہ سے متعلق نہیں ہیں۔ اس نے عبادات کی شکلیں بھی متعین کر دی ہیں اور اُن کو ادا کرنے کے طریقے بھی بتا دیے ہیں۔

اس کے بعد معاشرت سے متعلق احکام کی تفصیل ملتی ہے۔ معاشرت میں نکاح کی ہدایت، جائز نکاح کی شرائط، مہر، زوجین کے حقوق، نان نفقہ، ازدواجی تعلقات، طلاق، خلع، وراثت، وصیت، ہبہ، والدین اور رشتہ داروں کے حقوق جیسے امور و مسائل آتے ہیں۔

معیشت میں جائز و ناجائز کے حدود، تجارت اور زراعت سے ہونے والی آمدنی میں دوسروں کے حقوق، قرض کا جواز، احتکار، ذخیرہ اندوزی، دھوکے اور فریب کی

ممانعت، سود کی حرمت جیسی تعلیمات ملتی ہیں ۔ ان میں بعض کی تشریح اور وضاحت بھی پائی جاتی ہے۔

جہاں تک نظامِ سیاسی اور بین الاقوامی مسائل کا تعلق ہے ان میں اسلام نے زیادہ تر اصولی ہدایات دی ہیں۔ تفصیلات سے بہت کم بحث کی ہے۔

اسلامی احکام کو اشخاص، واقعات اور حالات پر منطبق کرنے کے لیے قدم قدم پر سوجھ بوجھ اور عقل و فہم سے کام لینا پڑتا ہے، اس کے بغیر بعض اوقات چھوٹے سے چھوٹے حکم پر بھی عمل نہیں ہو سکتا۔ نماز فرض ہے، اسے قبلہ رُو ہو کر ادا کرنا چاہیے، اس کے اوقات بھی معلوم ہیں، لیکن اس کا فیصلہ انسان کی عقل کرتی ہے کہ سمتِ قبلہ کیا ہے؟ کس نماز کا وقت کب شروع ہوتا اور کب ختم ہوتا ہے؟ اسی طرح اللہ تعالیٰ کا حکم ہے کہ اس کی راہ میں خرچ کیا جائے، لیکن یہ طے کرنا بیش تر صورتوں میں انسان کا اپنا کام ہے کہ کون فرد اس کا مستحق ہے اور کون نہیں ہے؟ اسے انفرادی طور پر خرچ کرنا چاہیے یا کسی ادارے کو اس کا ذریعہ بنانا چاہیے؟

یہ بہت چھوٹی مثالیں ہیں، جن کو تھوڑی سی سوجھ بوجھ سے حل کیا جاسکتا ہے۔ زیادہ پیچیدہ مسائل گہرے غور و فکر کا تقاضا کرتے ہیں۔ مثال کے طور پر حکم ہے کہ اہم معاملات طے ہوں تو گواہ مقرر کیے جائیں (البقرہ: ۲۸۲)۔ اختلاف کی صورت میں گواہوں کے بیان پر فیصلہ ہو گا، لیکن یہ طے کرنا قاضی کا کام ہے کہ شہادت دینے والوں میں کون سچا ہے اور کون جھوٹ بول رہا ہے؟ کس کی شہادت کس معاملہ میں قبول کی جاسکتی ہے اور کس کی شہادت قابل رد ہے؟ ظاہر ہے، یہ نسبتاً پیچیدہ کام ہے۔

اسلام نے معاشرتی مسائل کے ذیل میں جگہ جگہ 'معروف' کے مطابق عمل کی ہدایت کی ہے، چناں چہ ایک جگہ اس نے کہا کہ عورت کے ساتھ معروف کے مطابق سلوک ہونا چاہیے (النساء:۱۹)۔ اس میں نان نفقہ بھی شامل ہے، لیکن اس نے اس کی حدبندی نہیں کی۔ یہ اشخاص کے اختلاف سے بھی، معاشروں کے اختلاف سے بھی اور زمانہ کے اختلاف سے بھی بدل سکتا ہے۔ ان بدلتی ہوئی صورتوں کے لحاظ سے اس کا تعین کرنا ایک 'اجتہادی عمل' ہے۔

اسی طرح قرآن مجید نے کہا کہ مسلمانوں کے معاملات آپس کے مشورے سے طے ہوتے ہیں (الشوریٰ:۳۸) اس مشورے کی صورت کیا ہو گی؟ کیا سب مسلمان اس میں شریک ہوں گے یا ان کے نمائندوں سے مشورہ ہو گا؟ کن اُمور میں کس سے مشورہ ہو گا؟ ان سوالات سے اُس نے تعرض نہیں کیا ہے، اُس کی جو بھی صورت اختیار کی جائے گی وہ 'اجتہادی' ہو گی۔

یہ وہ امور ہیں جن کے بارے میں اسلام کے صریح احکام موجود ہیں۔ بہت سے معاملات میں اس نے واضح ہدایات ہمیں نہیں دی ہیں۔ ان میں اس کی مرضی معلوم کرنے کے لیے ہمیں قیاس اور اجتہاد سے کام لینا پڑتا ہے۔ مثال کے طور پر دور اول میں کاروبار اور لین دین کی جو صورتیں رائج تھیں، ان میں سے بعض کو اس نے جائز اور بعض کو ناجائز قرار دیا۔ اب بہت سی ایسی صورتیں پیدا ہو گئی ہیں جو اس وقت نہیں تھیں۔ ان میں جو صورتیں ناجائز صورتوں سے مشابہ ہوں گی ان کو ناجائز کہا جائے گا اور جو صورتیں جائز صورتوں سے ملتی جلتی ہوں گی اُن کو جائز قرار دیا جائے گا۔ بعض اوقات اسلام صرف اصولی ہدایات دیتا ہے۔ ان کی روشنی میں

اس کے منشا کو سمجھ کر تفصیلات طے کرنا اس کے ماننے والوں کا کام ہے۔ اس نے ظلم وعدوان سے منع کیا ہے اور عدل و احسان کا حکم دیا ہے، لیکن اس نے ظلم اور عدل کی ساری شکلوں کا احاطہ نہیں کیا ہے۔ کچھ چیزیں ایسی ہیں جن کا ظلم یا عدل ہونا واضح ہے اور کچھ چیزوں کے بارے میں اجتہاد اور غور و فکر کی ضرورت پڑے گی۔

اسلام نے ایک طرف تو انسان کو شریعت کا مکلف بنایا اور اسے مختلف قسم کے احکام دیے، دوسری طرف اس نے کہا کہ کسی بھی شخص پر اس نے اس کی طاقت سے زیادہ بوجھ نہیں ڈالا ہے (البقرۃ:۲۸۶)۔ اس نے دین میں تنگی نہیں رکھی ہے (الحج:۷۸) بلکہ اسے آسان بنایا ہے۔ (البقرۃ:۱۸۵) چناں چہ بہت سے معاملات میں اس نے رخصت بھی فراہم کی ہے۔ یہ دیکھنا کہ کس شخص کے لیے کون سا حکم قابلِ برداشت ہے اور کب اس کے لیے زحمت اور دشواری پیدا ہو جائے گی؟ ایک اجتہادی عمل ہے۔

حدیث میں فقہ و بصیرت کی ترغیب

احادیث میں اس کی بڑی ترغیب دی گئی ہے کہ دین میں گہری بصیرت حاصل کی جائے اور نصوص کی عدمِ موجودگی میں اجتہاد سے کام لیا جائے۔ حضرت معاویہؓ کی روایت ہے کہ رسول اللہ ﷺ نے فرمایا:

من یرد اللہ بہ خیر ایفقھہ فی الدین وانما انا قاسم واللہ یعطی

اللہ تعالیٰ جب کسی کے ساتھ خیر چاہتا ہے تو اُسے دین میں سوجھ بوجھ عطا کرتا ہے۔ میں تو تقسیم کرنے والا ہوں اور اللہ تعالیٰ جسے چاہتا ہے نوازتا ہے۔

حدیث میں لفظ 'خیر' نکرہ استعمال ہوا ہے۔ اس میں عموم پایا جاتا ہے۔ مطلب یہ ہے کہ اللہ تعالیٰ جس کسی کو خیر کثیر یا بہت بڑی بھلائی سے نوازنا چاہتا ہے اسے دین میں فقہ و بصیرت عطا کرتا ہے۔ 'وانما انا قاسم' کا ایک مطلب یہ ہے کہ جو مالِ غنیمت یا ساز و سامان آتا ہے میں اسے مستحقین کے درمیان عدل و انصاف کے ساتھ تقسیم کر دیتا ہوں۔ جس کے اندر دین کی سمجھ ہو گی اسے اس پر کبھی اعتراض نہ ہو گا۔ ان الفاظ کا دوسرا مطلب یہ ہے کہ اللہ تعالیٰ کی طرف سے جو دین آیا ہے، میں اسے بلا تخصیص سب کے درمیان عام کرتا ہوں۔ جہاں تک فقہ و بصیرت کا تعلق ہے اللہ جسے جتنی دینا چاہے دیتا ہے۔ جسے یہ دولت ملی وہ خیرِ کثیر سے بہرہ ور ہوا۔

ایک اور حدیث میں اس شخص کو قابل رشک قرار دیا گیا ہے جو شب و روز قرآن کی تلاوت میں مصروف رہتا ہے۔ ارشاد ہے:

لاَ حسد الاّ فی اثنتین رجل آتاہ اللہ القرآن فھو یتلوہ آناء اللیل و آناء النھار و رجل اُتاہ اللہ مالاً فھو ینفقہ آناء الیل و آناء النھار۔

رشک بس دو خوبیوں پر ہوتا ہے۔ ایک خوبی یہ کہ اللہ کسی شخص کو قرآن عطا کرے اور وہ رات اور دن کے اوقات کو اس کی تلاوت میں صرف کرے۔ دوسری قابل رشک خوبی یہ ہے کہ اللہ تعالیٰ کسی کو مال عطا کرے اور وہ رات دن، ہر وقت اسے خرچ کرتا رہے۔

قرآن کی تلاوت میں اس کا پڑھنا، اس پر غور و فکر اور اس کی تعلیم و تدریس بھی شامل ہے۔ چناں چہ مسلم کی روایت میں 'فھو یقوم بہ اُناء الیل و اُناء النھار' کے الفاظ آئے ہیں، جس کے اندر اس پر عمل کرنے اور اس کو عام کرنے کا مفہوم بھی داخل ہے۔

یہ حضرت عبد اللہ بن عمرؓ کی روایت ہے۔ یہی روایت حضرت عبد اللہ بن مسعودؓ سے آئی ہے۔ اس کے الفاظ یہ ہیں:

لاَ حسد الاّ فی اثنتین رجل آتاہ اللہ مالاً فسلط علی ھلکتہ فی الحق، و رجل اتاہ اللہ الحکمۃ فھو یقضی بھا و یعلّمھا.

رشک تو بس دو خوبیوں پر ہے۔ ایک یہ کہ اللہ کسی کو مال دے اور اسے اس کام پر لگا دے کہ وہ راہِ حق میں اپنا مال صرف کرتا رہے۔ دوسری قابل رشک خوبی یہ ہے کہ اللہ تعالیٰ کسی کو حکمت دین سے نوازے اور وہ اس کے ذریعے فیصلہ کرے

اور اس کی تعلیم دے۔

اس میں قابل رشک خوبی یہ قرار دی گئی کہ اللہ تعالیٰ کسی پر دین کی حکمت اور اس کے اسرار و رموز کے دروازے کھول دے۔ وہ اس کی روشنی میں معاملات کا فیصلہ کرے، اس کی تعلیم دے اور اسے عام کرے۔

حضرت عمرو بن العاصؓ کی ایک روایت میں اجتہاد کی بڑی حوصلہ افزائی موجود ہے۔ فرماتے ہیں کہ انھوں نے رسول اللہ ﷺ کو ارشاد فرماتے سنا ہے:

اذا حکم الحاکم فاجتھد ثم اصاب فلہ اجران واذا حکم فاجتھد ثم اخطا فلہ اجر

جب حاکم فیصلہ کرے، اس کے لیے کوشش کرے اور امرِ حق پالے تو اسے دو اجر ہیں۔ جب حاکم فیصلہ کرے، اس کے لیے کوشش کرے، لیکن اس کے باوجود غلطی کر جائے تو اس کا ایک اجر ہے۔

مطلب یہ کہ حاکم اپنے فیصلہ میں اجتہاد کے ذریعے صحیح نتیجہ پر پہنچ جاتا ہے اور شریعت کے منشا کو پالیتا ہے تو اسے دوگنا ثواب ملے گا، لیکن اگر وہ اجتہاد کے باوجود حق و صواب کو پانے میں غلطی کر جائے تو اسے اپنے اجتہاد کا ایک اجر ملے گا اور اجتہادی غلطی کا گناہ نہ ہو گا۔

یہاں حاکم سے مراد وہ حاکم ہے جو دین کا علم رکھتا ہو اور جس کے اندر متعلقہ مسئلہ میں اجتہاد کی صلاحیت پائی جائے۔ اگر کوئی شخص علم کے بغیر اجتہاد کرے گا، اس کا فیصلہ چاہے صحیح ہو، وہ کسی ثواب کا مستحق نہ ہو گا، بلکہ گناہ گار ہو گا۔

اجتہاد کی تربیت

ان اصولی ہدایات کے ساتھ رسول اللہ ﷺ نے صحابۂ کرام کو اجتہاد کے موقعے پر اجتہاد کرنے کی ہدایت کی اور عملاً اس کی تربیت دی۔

ایک خاتون نے رسول اللہ ﷺ سے دریافت کیا کہ میری ماں نے حج کی نذر مانی تھی، لیکن اپنی نذر پوری کرنے سے پہلے ہی اس کا انتقال ہو گیا، کیا میں اُس کی طرف سے حج کروں؟ آپؐ نے اس سے پوچھا: بتاؤ اگر تمھاری ماں پر کسی کا قرض ہوتا تو کیا تم اُسے ادا نہ کرتیں؟ اس نے عرض کیا: ہاں ضرور کرتی۔ آپؐ نے فرمایا: اللہ تعالیٰ کے اس قرض کو بھی ادا کرو۔ یہ تو دوسرے قرضوں سے زیادہ اس کا مستحق ہے کہ وہ ادا ہو۔

اس طرح آپؐ نے بتایا کہ حقوق اللہ اور حقوق العباد میں بعض پہلوؤں سے مشابہت ہے اور ایک کو دوسرے پر قیاس کیا جانا چاہیے۔

ایک مرتبہ رسول اللہ ﷺ نے فرمایا کہ جو شخص دنیا میں اپنے مال کا حق ادا کرے تو یہ مال آخرت میں اس کی فلاح اور کامیابی کا ذریعہ ہو گا، لیکن جس مال کا حق ادا نہ کیا جائے وہ آخرت میں وبال ثابت ہو گا۔ اس سلسلے میں آپ نے دولت کی مختلف صنفوں: سونے، چاندی، اونٹ، گائے، بکری اور گھوڑے کا تفصیل سے ذکر کیا کہ وہ کس صورت میں ہلاکت کا باعث ہوں گے اور کب سبب نجات بنیں گے؟

اس پر صحابہؓ نے گدھے اور خچر کے بارے میں دریافت کیا تو آپؐ نے فرمایا: اس سلسلے میں الگ سے کوئی ہدایت نہیں نازل ہوئی ہے، البتہ یہ جامع اور اپنی نوعیت کی منفرد آیت موجود ہے:

فَمَن يَعْمَلْ مِثْقَالَ ذَرَّةٍ خَيْرًا يَرَهُ وَمَن يَعْمَلْ مِثْقَالَ ذَرَّةٍ شَرًّا يَرَهُ.

(الزلزال:۷۔۸)

جو شخص ذرہ برابر نیکی کرے گا اسے (وہاں) وہ دیکھ لے گا اور جو ذرہ برابر برائی کرے گا اسے بھی وہ دیکھ لے گا۔

یہ درحقیقت اصول وکلیات سے تفصیلات اخذ کرنے کی ہدایت ہے۔

احادیث سے معلوم ہوتا ہے کہ جب کبھی صحابہؓ نے کسی معاملے میں اجتہاد سے کام لیا تو آپؐ نے اس کی ہمت افزائی فرمائی۔

جنگِ 'احزاب' کے موقعے پر رسول اللہ ﷺ نے بعض لوگوں سے کہا کہ وہ فوراً 'بنی قریظہ' پہنچ جائیں اور وہیں عصر کی نماز پڑھیں، لیکن یہ لوگ راستے ہی میں تھے کہ عصر کا وقت ہو گیا۔ ان میں سے کچھ لوگوں نے کہا کہ حضورؐ کا مطلب یہ تھا کہ ہم 'بنو قریظہ' پہنچنے میں جلدی کریں۔ آپؐ کا منشا یہ نہیں تھا کہ اس کی وجہ سے نمازِ عصر میں تاخیر کر دی جائے۔ چناں چہ ان لوگوں نے وقت پر نماز پڑھ لی، لیکن بعض دوسرے لوگوں نے اس سے اختلاف کیا، چوں کہ آپ نے عصر کی نماز 'بنو قریظہ' میں پڑھنے کی ہدایت کی تھی، اس لیے وہیں پہنچ کر رات میں انھوں نے نماز پڑھی، پہلے گروہ نے آپؐ کے منشا کو سمجھنے کی کوشش کی اور دوسرے گروہ نے آپؐ کے الفاظ کو سامنے رکھا، جب آپؐ کو اس کی اطلاع ملی، تو آپؐ نے کسی بھی گروہ کو

ملامت نہیں کی۔

دو صحابہؓ سفر میں تھے، نماز کا وقت آیا تو وضو کے لیے پانی نہیں تھا، چناں چہ انھوں نے تیمم کر کے نماز پڑھ لی، لیکن وقت کے ختم ہونے سے پہلے ہی پانی مل گیا، تو ایک صاحب نے نماز دہرائی اور دوسرے نے نہیں دُہرائی، آپؐ نے دونوں کو درست قرار دیا۔ جنھوں نے نماز نہیں دہرائی اُن سے کہا: تم نے سنت کے مطابق عمل کیا، تمھارے لیے یہ نماز کافی ہے، دوسرے سے کہا کہ تمھیں دوگنا اجر ملے گا۔

رسول اللہ ﷺ کی وفات کے بعد صحابہ کرامؓ نے اجتہاد کے عمل کو جاری رکھا۔ امام غزالیؒ فرماتے ہیں کہ صحابہؓ کا اس پر اجماع رہا ہے کہ جس مسئلے میں شریعت کا منصوص حکم نہ ہو وہاں رائے اور اجتہاد سے کام لیا جائے، اسی پر انھوں نے اپنے دور میں عمل کیا۔ یہ اس قدر تواتر سے ثابت ہے کہ اس میں شک وشبہ کی گنجائش بالکل نہیں ہے۔ امام غزالیؒ نے اس کی متعدد مثالیں پیش کی ہیں۔

رسول اللہ ﷺ کی وفات کے بعد سب سے اہم مسئلہ خلافت کا پیش آیا، حضرت ابو بکر صدیقؓ کے مستحق خلافت ہونے کی ایک دلیل حضرت عمرؓ نے یہ دی کہ رسول اللہ ﷺ نے آپ کو اپنی زندگی میں نماز کی امامت کے لیے آگے بڑھایا تھا۔ یہ ان کے نزدیک اس بات کا ثبوت تھا کہ خلافت کے لیے بھی حضرت ابو بکرؓ ہی سب سے زیادہ آپ کی نظر میں مستحق تھے۔ اس طرح انھوں نے 'امامتِ صغریٰ' پر 'امامت کبریٰ' کو قیاس کیا۔

حضرت ابو بکرؓ نے 'مانعینِ زکوٰۃ' سے جنگ کرنی چاہی تو بعض صحابہؓ نے اس سے اختلاف کیا۔ ان کی دلیل رسول اللہ ﷺ کا یہ ارشاد تھا کہ اسلام لانے کے

بعد لوگوں کے جان ومال محفوظ ہیں، الّا یہ کہ حق اس کا تقاضا کرے۔ حضرت ابو بکرؓ نے فرمایا کہ اُسی میں زکوٰۃ بھی داخل ہے۔ جس طرح نماز کے انکار پر جنگ کی جائے گی، اسی طرح زکوٰۃ کے انکار پر بھی جنگ کی جائے گی، اس لیے کہ اللہ تعالیٰ نے ان دونوں کا ایک ساتھ اور یکساں اہمیت کے ساتھ ذکر کیا ہے۔ علاوہ ازیں خلیفۂ وقت رسول اللہ ﷺ کا نائب ہوتا ہے، رسول اللہ ﷺ نے زکوٰۃ رفاہِ عام کے لیے لی تھی، اس مقصد کے لیے آپؐ کے بعد بھی زکوٰۃ وصول کی جائے گی۔ اس طرح یہ پورا مسئلہ اجتہادی تھا۔

صحابہؓ کے وظائف متعین ہوئے تو حضرت عمرؓ نے مشورہ دیا کہ اُن کی دینی خدمات اور قربانیوں کے لحاظ سے اُن کے وظائف متعین کیے جائیں۔ حضرت ابو بکرؓ نے فرمایا: یہ خدمات اور قربانیاں اللہ کے لیے انجام دی گئی تھیں، اس کا صلہ اللہ کے ہاں ملے گا۔ دنیا کی ضروریات سب کے ساتھ لگی ہوئی ہیں، اس لیے اس معاملے میں برابری ہونی چاہیے، چناں چہ انھوں نے بغیر کسی فرق کے سب کا ایک وظیفہ مقرر کیا، لیکن حضرت عمرؓ نے اپنے دورِ خلافت میں اس فیصلے کو بدل دیا اور دینی خدمات اور قربانیوں کے لحاظ سے وظائف کا تعین کیا۔ وہ حضرت ابو بکرؓ کا اجتہاد تھا اور یہ حضرت عمرؓ کا۔

امام غزالیؒ نے اس قسم کے اور بھی اجتہادات نقل کیے ہیں۔ وہ کہتے ہیں کہ یہ تو اُن کے اجتہادات میں سے صرف چند ہیں، سب کا نقل کرنا ممکن نہیں ہے۔

فتویٰ دینے والے صحابہ

جن صحابۂ کرامؓ نے مختلف موضوعات پر فتوے دیے ان کی تعداد ایک سو تیس (۱۳۰) سے زیادہ ہے، ان میں حضرت عمرؓ، حضرت علیؓ، حضرت عبد اللہ بن مسعودؓ، حضرت عائشہؓ، حضرت زید بن ثابتؓ، حضرت عبد اللہ بن عباسؓ اور حضرت عبد اللہ بن عمرؓ کے بارے میں ابو محمد بن حزمؒ کہتے ہیں کہ ان میں سے ہر ایک کے فتووں سے ایک کتاب تیار ہو سکتی ہے۔ ابو بکر محمد بن موسیٰؒ نے صرف حضرت عبد اللہ بن عباسؓ کے فتووں کے بیس مجموعے مرتب کیے تھے۔ ان کے علاوہ بیس صحابہ وہ ہیں جنھوں نے اتنے زیادہ فتوے تو نہیں دیے، لیکن پھر بھی ان میں سے ہر ایک کے فتووں سے ایک رسالہ تیار ہو سکتا ہے۔ ان میں حضرت ابو بکرؓ، حضرت عثمانؓ، حضرت ام سلمہؓ، حضرت انسؓ اور حضرت ابو ہریرہؓ وغیرہ داخل ہیں۔ باقی صحابہؓ نے بہت کم فتوے دیے ہیں۔ کسی نے ایک مسئلے میں، کسی نے دو مسئلوں میں، کسی نے کچھ زیادہ مسائل میں فتوے دیے۔ ان سب فتووں کو اکٹھا کیا جائے تو ایک مختصر سا مجموعہ تیار ہو سکتا ہے۔

تابعینؒ میں بھی بڑے بڑے فقہا پیدا ہوئے۔ صرف مدینے میں بیک وقت سات فقہاء تھے۔ اس کے علاوہ مکہ مکرمہ، کوفہ، بصرہ، شام، مصر، یمن، خراسان اور دوسرے علاقوں میں فقہاء کی بڑی تعداد تھی جنھوں نے ان صحابہؓ کے ساتھ ایک

مدت گزاری، جن کی کتاب و سنت پر گہری نظر تھی اور جو اجتہاد و استنباط کر سکتے تھے۔ ان سے انھوں نے بھرپور استفادہ کیا اور فتویٰ دینے اور اجتہاد کرنے کی تربیت حاصل کی۔ خود اکابر صحابہؓ نے اُن کے علم و فضل کی تعریف کی۔ ان میں اصحابِ درس بھی تھے، جن کے طالب علموں اور شاگردوں کا بڑا وسیع حلقہ تھا۔ ان میں مفتی بھی تھے، جن کی طرف دینی احکام معلوم کرنے کے لیے لوگ رجوع کرتے تھے۔ ان میں قاضی بھی تھے، جن کو مختلف مسائل کے سلسلے میں کتاب و سنت کی روشنی میں فیصلے کرنے پڑتے تھے۔

غرض سینکڑوں تابعینؒ ہیں، جن کو مورخین نے مفتی، مجتہد، فقیہ اور عالم کے القاب سے یاد کیا ہے۔ ان میں سے بعض افراد تو اپنے علم و فہم، فقہی بصیرت اور اجتہادی صلاحیت میں خاص شہرت رکھتے تھے۔

حضرت ابو ہریرہؓ صحابہ میں سب سے بڑے راوی حدیث ہیں۔ حضرت سعید ابن مسیبؒ ان کے داماد تھے۔ انھوں نے سب سے زیادہ ان کی حدیثیں روایت کی ہیں۔ دوسرے صحابہؓ سے بھی انھوں نے استفادہ کیا تھا۔ رسول اللہ ﷺ، حضرت ابو بکر، حضرت عمر اور حضرت عثمان رضوان اللہ علیہم اجمعین کے فتاویٰ اور صحابہ کے اسوہ سے سب سے زیادہ واقفیت رکھتے تھے، خصوصیت سے حضرت عمرؓ کے علم کے حامل سمجھے جاتے تھے، خود بھی فقیہ تھے، امام زہریؒ نے اُن کو سب سے بڑا فقیہ کہا ہے۔

فقہ میں حضرت عبد اللہ بن مسعودؓ کا مقام بہت نمایاں ہے۔ حضرت علقمہؒ کا ان کے ممتاز شاگردوں میں شمار ہوتا ہے۔ خاص طور پر فقہ میں انھوں نے ان سے

تربیت حاصل کی تھی، حضرت عبد اللہ بن مسعود رضی اللہ عنہ فرماتے ہیں: جتنا کچھ میں جانتا ہوں اتنا علقمہؒ بھی جانتے ہیں، اور جو کچھ میں پڑھ سکتا ہوں وہ علقمہ بھی پڑھ سکتے ہیں۔ انھوں نے حضرت عمرؓ، حضرت عثمانؓ، حضرت علیؓ اور حضرت ابو درداءؓ سے بھی استفادہ کیا تھا۔ قابوس بن ظبیانؒ کہتے ہیں: میں نے اپنے والد سے پوچھا: کیا بات ہے کہ آپ صحابہؓ کو چھوڑ کر علقمہؒ کی مجلس میں پہنچ جاتے ہیں؟ انھوں نے جواب دیا: میں نے دیکھا کہ رسول اللہ ﷺ کے صحابہ بھی علقمہؒ سے مسائل معلوم کرتے اور فتویٰ حاصل کرتے تھے۔

امام شعبیؒ بہت بڑے محدث اور فقیہ تھے۔ حضرت علیؓ، حضرت عائشہؓ، حضرت عبد اللہ بن عباسؓ، حضرت عبد اللہ بن عمرؓ اور حضرت ابو ہریرہؓ جیسے صحابہؓ سے انھوں نے استفادہ کیا تھا۔ ان کو ذہبیؒ نے 'علامۂ تابعین' کہا ہے۔ ابن سیرین کہتے ہیں کہ اُن کے دور میں بہت سے صحابہؓ تھے لیکن اس کے باوجود اُن سے فتوے لیے جاتے تھے۔ ان کا اپنا ایک حلقہ تھا۔ جہاں تک قیاس اور اجتہاد کا تعلق ہے، ابراہیم نخعیؒ کا مقام اُن سے بھی اونچا تھا۔ ابن عونؒ کہتے ہیں: شعبیؒ خوش مزاج اور ہنسنے بولنے والے آدمی تھے، لیکن کوئی فتویٰ سامنے آتا تو وہ خاموش ہو جاتے، اس کے بر خلاف ابراہیم نخعیؒ خاموش طبع تھے، لیکن فتویٰ دیتے وقت اُن کی خاموشی ختم ہو جاتی اور کھل کر اظہارِ خیال فرماتے۔

حسن بصریؒ نے ایک سو پچاس صحابہؓ کو دیکھا تھا۔ بے شمار مسائل میں فتوے دیے، بعض علماء نے ان کے فتاویٰ سات ضخیم مجموعوں میں مرتب کیے تھے۔

حضرت حسن بصریؒ سے پوچھا گیا کہ آپ کے ہر فتویٰ کی بنیاد کوئی حدیث ہوتی

ہے؟ انھوں نے جواب دیا: نہیں، بلکہ اپنی دانست میں جس بات کو ہم سائل کے حق میں خود اس کی رائے سے بہتر سمجھتے ہیں، اُسے پیش کرتے ہیں۔

امام زہریؒ کا محدثین میں بڑا اونچا مقام ہے۔ اس کے ساتھ وہ مفتیٔ وقت اور مجتہد بھی تھے۔ محمد بن نوحؒ نے ان کے فتاویٰ کو تین جلدوں میں فقہی ترتیب کے ساتھ مرتب کیا تھا۔

ربیعہ بن عبد الرحمنؒ کے بارے میں امام ذہبیؒ کہتے ہیں کہ وہ فقیہ اور مجتہد تھے، اور رائے اور قیاس میں بڑی بصیرت رکھتے تھے، اسی وجہ سے ان کو 'ربیعۃ الرأی' کہا جاتا تھا۔ عبد اللہ بن عمرؓ کہتے ہیں: ربیعہ ہماری مشکلات حل کرتے تھے، وہ صاحبِ علم اور ہم سب میں افضل تھے۔

امام مالکؒ نے فقہ میں ان سے استفادہ کیا تھا۔ ان کے انتقال پر انھوں نے کہا: فقہ کی لذت ختم ہوگئی۔

حدیث و فقہ کے وسیع ذخیرہ میں تابعینؒ کے فتاویٰ اور اجتہادات بکھرے ہوئے ہیں۔ ان سب کو جمع کرکے یہ معلوم کیا جاسکتا ہے کہ انھوں نے کن مسائل میں استنباط کیا اور اس سلسلے میں ان کے سامنے کیا اصول تھے؟ ان کے فتاویٰ اور اجتہادات باقاعدہ مرتب ہو جائیں تو ان کے اجتہادی کام سے بہتر طریقہ سے فائدہ اٹھایا جاسکتا ہے۔

تابعینؒ کے بعد امام ابو حنیفہؒ، امام مالکؒ، امام شافعیؒ، امام احمدؒ، امام اوزاعیؒ، لیث بن سعدؒ، ابن ابی لیلیٰؒ، سفیان ثوریؒ، وکیع بن جراحؒ جیسے بہت سے ائمہ فقہ پیدا ہوئے۔ ان ائمہؒ نے بے شمار مسائل میں نہ صرف یہ کہ اپنی رائے ظاہر کی، بلکہ

مسائل کے استنباط کے اُصول بھی بتائے۔ ان ہی کے دور میں ایک فن کی حیثیت سے فقہ کی ترتیب کا عمل شروع ہوا۔ امام ابو یوسفؒ اور امام شافعیؒ نے فقہ کے اصول اور استنباط و اجتہاد کے طریقے مدون کیے۔ اس کے بعد 'فقہ' کے ساتھ ساتھ 'اصولِ فقہ' نے بھی ایک مخصوص علم اور فن کی شکل اختیار کرلی۔

ان ائمہ کے اندازِ فکر میں تھوڑا بہت اختلاف رہا ہے، لیکن اتنی بات طے ہے کہ یہ سب مجتہد تھے اور انھوں نے قیاس اور اجتہاد کو ایک اصول کی حیثیت سے تسلیم کیا اور اس پر عمل کرتے رہے۔

امام شافعیؒ کہتے ہیں کہ ایک مسلمان کو جو بھی مسئلہ درپیش ہو، شریعت میں اس کا حکم صراحتاً یا دلالتاً موجود ہوگا۔ اگر بعینہٖ اس مسئلہ کے بارے میں کوئی حکم ہو تو اُسے اس کی اتباع کرنی چاہیے، اگر ایسا نہ ہو تو اسے اجتہاد کے ذریعہ حق بات دریافت کرنی چاہیے۔ اسی کو اجتہاد اور قیاس کہا جاتا ہے۔

امام مزنیؒ کہتے ہیں: رسول اللہ ﷺ کے دور سے لے کر ہمارے زمانے تک فقہاء تمام دینی احکام میں قیاس سے کام لیتے رہے ہیں، اس بات پر ان کا اجماع رہا ہے کہ حق کی نظیر حق اور باطل کی نظیر باطل ہے۔ اس لیے قیاس کا انکار کسی بھی شخص کے لیے صحیح نہیں ہے۔ یہ ایک طرح کی تشبیہ اور تمثیل ہے۔

محمد بن حسنؒ کہتے ہیں: جو شخص کتاب و سنت اور اقوالِ صحابہؓ کا عالم ہو اور فقہائےؒ کے نزدیک جو چیزیں مستحسن رہی ہیں ان کو جانتا ہو، تو اسے پیش آمدہ مسائل میں اجتہاد کا حق ہے۔ وہ نماز، روزہ، حج اور تمام مامورات و منہیات کے بارے میں فتویٰ دے سکتا اور اسے نافذ کر سکتا ہے، اگر اس نے غور و فکر اور اجتہاد میں اور

مسئلہ سے ملتے جلتے احکام پر قیاس کرنے میں کوتاہی نہیں کی ہے تو اس پر عمل بھی کر سکتا ہے، چاہے وہ عملاً صحیح نتیجہ تک نہ پہنچ سکا ہو۔ ابن جریرؒ نے یہاں تک کہا ہے کہ قیاس کا انکار بدعت ہے۔

مختلف اسباب کی بنا پر اس دور کے ائمہ میں ائمہ اربعہ کو خاص شہرت اور مقبولیت حاصل ہوئی اور ان کے ذریعہ فقہ اور اجتہاد کے اس عمل کو جو صحابہؓ کے دور سے شروع ہوا تھا، بڑی ترقی ہوئی۔

فقہِ حنفی کے متعلق کہا جاتا ہے کہ حضرت عبد اللہ بن مسعودؓ نے اس کا بیج بویا، علقمہؒ نے اس کی آب پاشی کی، ابراہیم نخعیؒ نے اس کھیتی کو کاٹا، حماد بن مسلمؒ کوفی نے اس کے دانے الگ کئے، امام ابو حنیفہؒ نے اس کا آٹا بنایا، امام ابو یوسفؒ نے اُسے خمیر کی شکل دی اور امام محمدؒ نے اس کی روٹی تیار کی، ان کے بعد سب لوگ اس سے فائدہ اٹھاتے چلے جا رہے ہیں۔

یہی بات دوسری فقہوں کے بارے میں بھی کہی جاسکتی ہے کہ ان کے ائمہ نے اپنے اپنے طور پر بتدریج فقہ کو کمال تک پہنچانے کی کوشش کی۔

ان ائمہ اور ان کے تلامذہ نے اجتہاد اور مسائل کے استنباط کے جو اصول وضع کیے ان کی روشنی میں مزید استنباط کا کام صدیوں تک جاری رہا۔ ہر فقہ کے ماننے والوں میں مختلف سطح کے علماء پیدا ہوتے رہے۔

فقہاء احناف کے درجات

فقہ حنفی میں مجتہدین اور ان کی اتباع کرنے والے علماء و فقہاء کے سات طبقات بتائے گئے ہیں:

پہلا طبقہ 'مجتہدین فی الشرع' کا ہے، جنھوں نے شریعت کے احکام سے براہِ راست اجتہاد کیا۔ جیسے ائمہ اربعہ یا ان جیسے دوسرے ائمہ، جنھوں نے کتاب و سنت کو سامنے رکھا اور ان کی روشنی میں اجتہاد کے اصول وضع کیے اور ان پر عمل کیا۔

دوسرا طبقہ 'مجتہدین فی المذہب' کا ہے۔ فقہ حنفی میں امام ابو یوسفؒ، امام محمدؒ اور امام ابو حنیفہؒ کے دوسرے تلامذہ کا شمار اسی طبقہ میں ہوتا ہے۔ یہ لوگ فروع اور جزئیات میں بسا اوقات امام صاحب سے اختلاف بھی کرتے ہیں، لیکن اصول میں وہ ان سے متفق ہیں۔ اسی وجہ سے یہ لوگ فقہِ حنفی کے امام سمجھے جاتے ہیں۔ امام شافعیؒ اور امام مالکؒ وغیرہ کو اصول سے بھی اختلاف ہے، اس لیے ان کا فقہی مسلک دوسرا سمجھا جاتا ہے۔

تیسرا طبقہ 'مجتہدین فی المسائل' کا ہے۔ یہ لوگ فقہ حنفی کے اصول و فروع کسی بھی چیز سے اختلاف نہیں کر سکتے، البتہ جن مسائل میں ان کے ائمہ نے صراحت نہیں کی ہے، ان کی بتائی ہوئی تفصیلات کی روشنی میں ان کا حکم بیان کر سکتے ہیں۔ اس طبقہ میں خصافؒ، طحاویؒ، کرخیؒ، شمس الائمہ حلوائیؒ، شمس الائمہ سرخسیؒ،

علامّہ بزدویؒ اور قاضی خاںؒ جیسے اصحابِ علم داخل ہیں۔

چوتھا طبقہ 'اصحابِ تخریج' کا ہے، جو اجتہاد کی صلاحیت تو نہیں رکھتے، البتہ اپنے ائمہ کے اصول اور ان کے مآخذ سے اچھی طرح واقف ہیں اور انھوں نے جو مسائل مستنبط کیے ہیں ان پر قیاس کر سکتے ہیں۔ اس لیے ان کے کسی بھی مجمل یا مبہم قول کی، جس کے ایک سے زیادہ پہلو ہو سکتے ہیں، تعیین اور توضیح کر سکتے ہیں، جیسے رازیؒ اور کرخیؒ وغیرہ۔

پانچواں طبقہ 'اصحابِ ترجیح' کا ہے۔ یہ لوگ اپنے مذہب کی مختلف روایات میں کسی ایک کو ترجیح دے سکتے ہیں۔ ابوالحسن قدوریؒ اور صاحبِ ہدایہ اسی طبقہ سے تعلق رکھتے ہیں۔

چھٹا طبقہ ان علماء کا ہے جو اپنے مذہب کی مختلف روایات میں یہ فرق کر سکتے ہیں کہ ان میں کون قوی ہے اور کون ضعیف؟ اور ظاہر روایت کیا ہے اور شاذ روایت کیا؟ جیسے 'کنزالدقائق'، 'درمختار'، 'وقایہ' وغیرہ کے مصنفین۔

ساتواں طبقہ ان مقلدین کا ہے جو اپنے مذہب کی کم زور اور مضبوط اور غلط اور صحیح روایات میں کوئی فرق نہیں کر پاتے۔

یہ فقہ حنفی کی تاریخ کو سمجھانے کی ایک کوشش ہے۔ اس سے اختلاف کیا جاسکتا ہے اور یہ بحث کی جاسکتی ہے کس امام یا فقیہ کا کیا مقام ہے اور اسے کس طبقہ میں جگہ ملنی چاہیے؟

دوسرے مذاہبِ فقہ کے اندر بھی اسی طرح کے علماء اور فقہاء پیدا ہوتے رہے ہیں، جو اپنے مذہب کے دائرے میں اجتہاد و استنباط اور تخریج و ترجیح کا کام

کرتے رہے ہیں۔ اس کا فائدہ یہ ہوا کہ ہر فقہ کی ایک تفصیلی شکل وجود میں آگئی، اس کے اصول و قواعد زیادہ وضاحت کے ساتھ مرتب ہو گئے، اس کی انفرادیت نمایاں ہوگئی اور وہ دوسری فقہوں سے ممتاز ہوگئی، اس میں مسائل کو حل کرنے کی جو صلاحیت تھی، وہ کھل کر سامنے آگئی، لیکن اس کا ایک نقصان یہ ہوا کہ کتاب و سنت سے ربط کم زور پڑ گیا اور ان کی جگہ فقہاء کے بتائے ہوئے اصول و فروع نے لے لی۔ کسی مسئلہ میں براہِ راست شریعت کے اصل مآخذ کی طرف رجوع کی جگہ یہ دیکھا جانے لگا کہ اس مسئلے میں فقہائے متقدمین نے کیا کہا ہے؟ کسی فقیہ اور عالم کی پہچان یہ نہیں رہی کہ وہ کتاب و سنت کی روشنی میں مسائل کا جواب دے سکتا ہے، بلکہ فقیہ اس شخص کو سمجھا جانے لگا جو فقہی جزئیات پر وسیع نظر رکھتا ہو اور کسی بھی مسئلہ میں قدیم فقہاء کی رائے بیان کر سکتا ہو۔ اس کا دوسرا نقصان یہ ہوا کہ ہر فقہ کی جو تفصیلی شکل بن گئی اس نے حتمی اور آخری شکل اختیار کر لی، جسے توڑنے کی کسی میں ہمت نہیں تھی۔ اس طرح فقہ اجتہاد و استنباط کا میدان نہیں رہی، بلکہ جمود کی نذر ہو گئی۔ تقلیدِ جامد کا دور دورہ شروع ہوا اور یہ کہا جانے لگا کہ مجتہدِ مطلق کا دور تو ختم ہو چکا، البتہ اب 'مجتہدِ مقید' ہو سکتا ہے۔

اس سے انکار نہیں کیا جا سکتا کہ یہاں ایسے مفکرین بھی رہے ہیں جنھوں نے مسائل کے حل کے لیے براہِ راست کتاب و سنت کی طرف رجوع کی دعوت دی اور شخصی تقلید کی سخت مخالفت کی۔ ابن حزمؒ فقہِ ظاہری کے اہم ستون ہیں۔ وہ کہتے ہیں کہ کسی بھی شخص کے لیے جائز نہیں ہے کہ وہ کسی گزرے ہوئے یا موجودہ شخص کی تقلید کرے، ہر آدمی کو اپنی طاقت کی حد تک اجتہاد کرنا چاہیے۔ اگر وہ بالکل جاہل

ہے تو اسے ایسے مقام پر کسی ایسے شخص سے جو دین کا سب سے زیادہ علم رکھتا ہو، مسئلہ معلوم کرنا چاہیے۔ جب وہ فتویٰ دے تو اس سے دریافت کرنا چاہیے کہ کیا اللہ اور رسول کا یہی حکم ہے؟ اگر وہ اثبات میں جواب دے تو اسے اختیار کرے اور اس کے مطابق عمل کرے، لیکن اگر اس کا جواب یہ ہو کہ یہ میری رائے یا میرا قیاس ہے، یا یہ کہ وہ کسی صحابی، تابعی یا قدیم اور جدید کسی فقہ کا حوالہ دے یا خاموشی اختیار کرلے یا سرزنش کرنے لگے تو اس کے لیے اس کے قول کو اختیار کرنا جائز نہ ہوگا۔ ایسی صورت میں اسے کسی دوسرے کی طرف رجوع کرنا چاہیے۔

مزید کہتے ہیں کہ جو شخص اجتہاد میں غلطی کرجائے وہ اس شخص سے اللہ کے نزدیک بہتر ہے جو تقلید کر کے غلطی سے محفوظ رہے۔

ابنِ حزم اپنی شدت پسندی اور انفرادیت میں مشہور ہیں۔ ان کی اس رائے کو بھی اسی پر محمول کیا جاسکتا ہے، لیکن اس سلسلے میں امام ابن تیمیہؒ، ابن قیمؒ، شوکانیؒ اور بعض دوسرے اصحاب کے نام بھی لیے جاسکتے ہیں، جنھوں نے کم از کم اصحابِ علم کے لیے تقلید کو جائز نہیں قرار دیا ہے۔ حضرت شاہ ولی اللہؒ فقہ حنفی سے وابستہ ہونے کے باوجود تقلید جامد کو پسند نہیں کرتے تھے۔ عدمِ تقلید کی ایک مستقل تحریک ہمارے درمیان رہی ہے۔ اُس کے اثرات سے بھی انکار نہیں کیا جاسکتا، گو اس تحریک کو قبولِ عام حاصل نہیں ہوا، تاہم مذاہبِ اربعہ کی طرح اُسے بھی ایک مستقل مسلک کی حیثیت حاصل ہے جو براہِ راست کتاب و سنت سے ماخوذ ہے۔

تقلید کے رائج اور مقبول ہونے اور اجتہاد کا دروازہ کم از کم عملاً بند ہونے کے بہت سے اسباب تھے۔ اس کی ایک وجہ یہ تھی کہ علم دین کی طرف رجحان کم سے کم

تر ہوتا جا رہا تھا۔ اگر اجتہاد کی اجازت دی جاتی تو ڈر تھا کہ یہ نازک ذمہ داری نا اہل لوگوں کے ہاتھوں میں پہنچ جاتی اور وہ دین کو مسخ کر کے رکھ دیتے۔

اس کی دوسری وجہ یہ تھی کہ فقہی تفصیلات اس قدر پھیل گئیں کہ کسی ایک فقہ ہی پر پوری طرح حاوی ہونا مشکل تھا، چہ جائے کہ دوسرے مذاہب فکر پر بھی آدمی کی نظر ہوتی اور اس سے آگے بڑھ کر وہ کوئی نیا اجتہاد کرتا۔

اس کی تیسری وجہ یہ اندیشہ بھی تھا کہ اجتہاد کا سلسلہ جاری رہتا تو نئے مسالکِ فقہ پیدا ہوتے اور اس کے نتیجے میں فقہی اختلافات اور بڑھتے۔ ان اختلافات کو کم کرنے کے لیے ضروری سمجھا گیا کہ رائج الوقت فقہی مسالک پر اکتفا کیا جائے اور مزید کسی نئے فقہی اسکول کی ہمت افزائی نہ کی جائے۔

اس فقہی جمود کی ایک بڑی وجہ یہ بھی ہے کہ دوسری اور تیسری صدی ہجری سے لے کر بارہویں صدی ہجری تک تمدن کے ارتقاء کی رفتار سست رہی اور ہماری فقہ کو زیادہ پیچیدہ اور نئے نئے مسائل کا سامنا نہیں کرنا پڑا، ورنہ شاید ضرورت خود اجتہاد پر مجبور کرتی اور اجتہاد کا عمل جاری رہتا۔ اسی وجہ سے ہم دیکھتے ہیں کہ امام ابو یوسفؒ، امام محمدؒ، امام شافعیؒ اور ان سے قریب کے دور کے ائمہ نے جو کتابیں لکھیں اور ان میں جن فقہی مسائل سے بحث کی، قریب قریب وہی مباحث ہمیں فتاویٰ عالمگیری اور علامہ ابن عابدینؒ کی 'ردالمحتار علی الدر المختار' تک لکھی جانے والی کتابوں میں ملتے ہیں، حالاں کہ ان کے درمیان کم و بیش ایک ہزار سال کا وقفہ ہے۔ بلاشبہ اس عرصہ میں کچھ نئے مسائل پیدا ہوئے، لیکن ان کی نوعیت ایسی تھی کہ ایک مسلکِ فقہ یا دوسرے مسلکِ فقہ کے تحت بہ آسانی ان کا حل تلاش کر لیا گیا۔

اسی طرح جن بزرگوں نے عدمِ تقلید کا آوازہ بلند کیا، ان کے موضوعات اور مباحث بھی اس عرصہ میں وہی رہے جو دیگر مکاتبِ فقہ کے تھے۔

پچھلے دو ڈھائی سو سال میں حالات کافی تبدیل ہو گئے۔ سائنس کی ترقی نے بہت سے سوالات پیدا کر دیے۔ آمد و رفت کی وہ سہولتیں میسر آگئیں جو پہلے نہیں تھیں، نشر و اشاعت اور رسل و رسائل کے طریقے بدل گئے، کاروبار اور لین دین کے نئے طریقے وجود میں آ گئے، صنعتی ترقی، بڑھتی ہوئی آبادی اور پیچیدہ شہری زندگی نے پرانے آداب و اطوار میں تبدیلی پیدا کر دی اور ایک نیا معاشرتی ڈھانچہ وجود میں آگیا۔ ان معاملات میں یہ دیکھنا ضروری ہے کہ خدا کا دین ہمیں کیا ہدایت دیتا ہے اور ہمارے مسائل کو کس طرح حل کرتا ہے؟ جو لوگ دین کے علم بردار ہیں، ان کی ذمہ داری ہے کہ وہ ان مسائل کا حل تلاش کریں۔ ہمارے فقہاء نے لکھا ہے کہ جب کوئی نیا مسئلہ اٹھ کھڑا ہو اور اس بات کا اندیشہ پیدا ہو جائے کہ اجتہاد کے ذریعے صحیح راہ نہ دکھائے جانے پر لوگ شریعت سے ہٹ جائیں گے، تو مجتہدین پر اجتہاد واجب ہے۔ اگر وہ اس مسئلے کو حل نہ بھی کر سکیں تو کوشش اور جد و جہد کرنا ان کے لیے ضروری ہے۔

یہاں اس بات کا ذکر ضروری ہے کہ قیاس یا اجتہاد، احکامِ شریعت کو جاننے کا نہ تو واحد ذریعہ ہے اور نہ ہر مسئلہ میں اس کی ضرورت ہے۔ خدا کی مرضی معلوم کرنے کے لیے سب سے پہلے اس کی کتاب اور اس کے رسولؐ کی سنت کو دیکھا جائے گا۔ اسی کے تحت اجماعِ امت بھی داخل ہے۔ ان ذرائع سے جو حکم صراحت کے ساتھ معلوم ہو جائے، اس کے بارے میں ایک مومن کا رویہ اختلاف یا اجتہاد کا

نہیں، بلکہ بے چوں وچرا اطاعت کا ہو گا۔ قرآن مجید نے صاف الفاظ میں کہا ہے:

وَمَا كَانَ لِمُؤْمِنٍ وَّلَا مُؤْمِنَةٍ إِذَا قَضَى اللّٰهُ وَرَسُولُهٗٓ أَمْرًا أَنْ يَّكُونَ لَهُمُ الْخِيَرَةُ مِنْ أَمْرِهِمْ وَمَنْ يَّعْصِ اللّٰهَ وَرَسُولَهٗ فَقَدْ ضَلَّ ضَلٰلًا مُّبِيْنًا (الاحزاب:۶۳)

کسی بھی مومن مرد یا عورت کے لیے یہ بات جائز نہیں ہے کہ اللہ اور اس کا رسولؐ جس چیز کا فیصلہ کر دیں انھیں اس کے ماننے یا نہ ماننے کا اختیار باقی رہے، جس نے اللہ اور اس کے رسول کی نافرمانی کی وہ صریح گم رہی میں پڑ گیا۔

اس کے ساتھ یہ بھی ارشادِ باری ہے کہ کسی معاملے میں اختلاف ہو تو اس کے حل کے لیے اللہ اور اس کے رسولؐ کی طرف رجوع کیا جائے:

يٰٓأَيُّهَا الَّذِيْنَ اٰمَنُوْٓا أَطِيْعُوا اللّٰهَ وَأَطِيْعُوا الرَّسُوْلَ وَأُولِي الْأَمْرِ مِنْكُمْ فَإِنْ تَنَازَعْتُمْ فِيْ شَيْءٍ فَرُدُّوْهُ إِلَى اللّٰهِ وَالرَّسُوْلِ إِنْ كُنْتُمْ تُؤْمِنُوْنَ بِاللّٰهِ وَالْيَوْمِ الْاٰخِرِ ذٰلِكَ خَيْرٌ وَّأَحْسَنُ تَأْوِيْلًا (النساء:۹۵)

اے ایمان والو! اطاعت کرو اللہ کی اور اطاعت کرو رسول کی اور ان کی جو تم میں سے 'اولو الامر' (حاکم) ہیں۔ پھر اگر کسی معاملے میں تمھارے درمیان نزاع پیدا ہو جائے تو اسے اللہ اور اس کے رسول کی طرف لوٹا دو۔ اگر تم اللہ اور یوم آخرت پر ایمان رکھتے ہو۔ یہ تمھارے حق میں بہتر ہے اور انجام کے لحاظ سے بہت اچھا ہے۔

جس معاملے میں کتاب و سنت میں صراحت نہ ہو، اس میں خدا و رسولؐ کی مرضی معلوم کرنے کی کوشش کی جائے گی۔ یہ کوشش آخری حد تک اور پورے اخلاص کے ساتھ ہو گی۔ اسی کے لیے 'قیاس' اور 'اجتہاد' کی ضرورت پڑتی ہے۔

مشہور حدیث ہے، حضرت معاذ بن جبلؓ کو رسول اللہ ﷺ نے یمن بھیجا تو ان سے پوچھا: جب تمھارے سامنے کوئی مقدمہ آئے تو فیصلہ کیسے کروگے؟ انھوں نے عرض کیا: اللہ کی کتاب کے مطابق فیصلہ کروں گا۔ آپؐ نے دریافت کیا: اگر اللہ کی کتاب میں اس کا حل نہ ملے تو کیا کروگے؟ انھوں نے جواب دیا: اللہ کے رسولؐ کی سنت کے مطابق فیصلہ کروں گا۔ آپؐ نے پھر سوال کیا: اگر سنتِ رسولؐ میں بھی اس کا حل نہ پاؤ تو کیا کروگے؟ حضرت معاذؓ نے عرض کیا: 'اجتھد رأئی ولاآلو' مطلب یہ کہ کتاب و سنت کی روشنی میں قیاس کرنے اور رائے قائم کرنے کی پوری کوشش کروں گا اور اس میں کوئی کوتاہی نہیں کروں گا۔ رسول اللہ ﷺ نے خوش ہوکر حضرت معاذؓ کے سینے پر دست مبارک رکھا اور فرمایا: خدا کا شکر ہے کہ اُس نے اپنے رسولؐ کے قاصد کو ایسے رویہ کی توفیق دی جس سے اللہ کا رسول خوش ہے۔

خلفائے راشدینؓ اور دوسرے صحابۂ کرامؓ کا بھی یہی طریقہ تھا۔ جب کوئی مسئلہ ان کے سامنے آتا تو وہ پہلے قرآن مجید کی طرف رجوع کرتے۔ اگر قرآن میں اس کا جواب پاتے تو اُس پر عمل کرتے۔ اگر وہاں اس کا جواب نہ پاتے تو دیکھتے کہ رسولِ خدا ﷺ کی سنت کیا کہتی ہے؟ اگر سنت میں اس کا حل مل جاتا تو اُسی کے مطابق فیصلہ کرتے۔ رائے اور اجتہاد سے اسی وقت کام لیتے جب کہ ان دونوں مآخذ میں صراحت موجود نہ ہوتی۔

حضرت عمرؓ نے حضرت ابو موسیٰ اشعریؓ گورنر عراق کو مختلف مواقع پر خطوط لکھے تھے۔ ان میں ایک بڑا اہم خط قضا اور فیصلہ سے متعلق ہے۔ اسے ابو عبید نے

کتاب الاموال میں نقل کیا ہے۔ اس میں وہ فرماتے ہیں: الفہم الفہم فی ما ادلی الیک بماورد علیک ممالیس فی قرآن ولا سنۃ، ثم قایس الأمور عند ذلک واعرف الامثال، ثم اعمد فی ماتریٰ الی احبھا الی اللہ واشبھا الی الحق، یعنی جو چیز کتاب و سنت میں نہ ہو، اس پر خوب غور کرو۔ چیزوں کو ایک دوسرے پر قیاس کرو، مثالوں کو سمجھو، پھر اللہ اور رسولؐ کے نزدیک جو چیز پسندیدہ اور حق سے مشابہت رکھے اُسے اختیار کرو۔

ائمہ کرام میں سے ہر ایک نے صراحت کی ہے کہ جب کوئی مسئلہ کتاب و سنت میں مل جائے تو رائے اور قیاس کا کوئی سوال نہیں پیدا ہوتا۔ فقہ حنفی، قیاس اور اجتہاد میں ممتاز ہے، اس نے اس میدان میں بے نظیر خدمت انجام دی ہے۔ لیکن امام ابو حنیفہؒ نے صراحت کے ساتھ اور بار بار کہا ہے کہ کتاب اللہ اور سنتِ رسول اللہ میں جب کوئی حکم مل جاتا ہے تو ہم فتویٰ اسی کے مطابق دیتے ہیں، اجتہاد تو اس وقت ہوتا ہے جب کہ ان میں صراحت نہ ہو۔

یہی بات اصولِ فقہ میں اس طرح کہی گئی ہے: احکامِ شریعت جاننے کے لیے قیاس مستقل بالذات دلیل نہیں ہے، اسے کتاب و سنت اور اجماع سے مستنبط ہونا چاہیے۔ قیاس ایک ضمنی چیز ہے۔ اس سے یقین نہیں حاصل ہوتا۔ اس کے برعکس اور دلائل شریعت سے یقین حاصل ہو جاتا ہے۔ ائمہ اربعہ کا اس پر اتفاق ہے کہ کتاب، سنت اور اجماع سے قیاس ٹکرائے تو اس کا اعتبار نہیں ہوگا۔ کسی مسئلے میں قیاس پر عمل اسی وقت ہوگا، جب کہ یہ تینوں ذرائع خاموش ہوں۔

اجتہاد بڑا نازک کام ہے۔ اس کے لیے ایک طرف ان مسائل کو پوری طرح سمجھنا ہوگا جن کے بارے میں شریعت کا حکم معلوم کرنا ہے۔ دوسری طرف کتاب و

سنت کے وسیع علم اور قیاس اور اجتہاد کے اصول و آداب سے واقفیت ضروری ہے۔ اس کے لیے صرف اتنی بات کافی نہیں ہے کہ آدمی عربی زبان و ادب میں مہارت رکھے اور نہ یہ بات کافی ہے کہ وہ دین کی عام معلومات رکھتا ہو، بلکہ یہ بھی ضروری ہے کہ وہ ان نصوص اور ان کے الفاظ و معانی پر گہری نظر رکھتا ہو، جن پر اس کے قیاس اور اجتہاد کی بنیاد ہے۔ ساتھ ہی دین کی روح اور اس کے مزاج کو بھی اچھی طرح سمجھے۔

کتاب و سنت کے بعد اس سلسلے میں اس زبردست فقہی ذخیرے سے بھی فائدہ اٹھانا ہوگا جو ہمارے پاس موجود ہے اور جس پر ہم بجا طور پر فخر کر سکتے ہیں۔ اس میں شک نہیں کہ یہ انسانی فکر کا نتیجہ ہے، اس لیے اس میں خامیاں بھی ہو سکتی ہیں، لیکن اس کے باوجود یہ ایک حقیقت ہے کہ یہ ذخیرہ بڑی محنت اور دیدہ ریزی سے وجود میں آیا ہے اور تحقیق و تنقید کے مختلف مراحل سے گزر کر اس نے ایک خاص شکل اختیار کی ہے۔ اس پر جن لوگوں نے اپنی قوتیں اور صلاحیتیں صرف کی ہیں، ان کے علم و فہم، فقہ و بصیرت، تقویٰ اور اخلاص پر امت کو اعتماد رہا ہے۔ اسی وجہ سے اس امت کے بہت بڑے حصے نے اسے قبول کیا، افراد نے بھی اس پر عمل کیا اور حکومتوں اور معاشروں نے بھی اسے اپنا دستور بنایا۔ اس پورے ذخیرے سے بغیر کسی تعصب کے فائدہ اٹھانا چاہیے اور کسی ایک مسلکِ فکر سے وابستگی دوسرے مسالکِ فکر سے استفادہ میں مانع نہیں ہونی چاہیے۔

اس فقہی ذخیرہ کو نظر انداز کر کے اجتہاد کا کام نہیں ہو سکتا۔ اسی سے اجتہاد کے اصول، طریقے اور نمونے سامنے آئیں گے۔ جن مسائل میں اجتہاد کی

ضرورت ہو گی ان میں نظیریں ملیں گی اور اس کے مسلسل مطالعہ اور تحقیق سے اجتہاد کی صلاحیت اُبھرے گی۔

خود صحابۂ کرامؓ اور تابعین اپنے پیش رو ائمہ کے فیصلوں سے استفادہ کرتے تھے۔ حضرت عمرؓ، حضرت ابو بکرؓ کے فیصلے تلاش کرتے تھے۔

حضرت عمرؓ کے بعد حضرت ابو بکرؓ اور حضرت عمرؓ کے فیصلے نمونے کا کام دیتے رہے۔ اسی طرح اکابر صحابہؓ کے فتووں کو تابعینؒ نے اپنے لیے نمونہ بنایا۔ اس طرح اجتہاد کا سلسلہ آگے بڑھا۔

ائمہ امت اور سلف صالحین نے بڑی صراحت کے ساتھ کہا ہے کہ فتویٰ دینے کے لیے اہل علم کی رایوں اور مسائل میں ان کے اختلاف سے واقف ہونا ضروری ہے۔ علامہ شاطبیؒ نے اس طرح کے متعدد اقوال نقل کیے ہیں:

حضرت قتادۃؒ فرماتے ہیں: سلف کے اختلافات سے جو شخص واقف نہیں ہے اسے فقہ کی بو باس تک نصیب نہیں ہوئی۔ ہشام بن عبید اللہ الرازی کا قول ہے کہ جس شخص کو اختلاف قرأت کا علم نہ ہو وہ قاری نہیں اور جو فقہا کے اختلافات کو (دلائل کے ساتھ) نہ جانے وہ فقیہ نہیں ہے۔

حضرت عطاء بن رباح کہتے ہیں: کسی ایسے شخص کے لیے فتویٰ دینا جائز نہیں ہے جو اہل علم کے اختلافات سے واقف نہ ہو، ورنہ اس کا امکان ہے کہ زیادہ قوی رائے کو چھوڑ کر وہ اپنی کم زور رائے پر قائم رہے۔

ایوب سختیانی اور ابن عیینہ کہتے ہیں: جو شخص اہل علم کے اختلافات کو بہت کم جانتا ہے وہی فتویٰ دینے میں بے باکی کا مظاہرہ کرتا ہے۔ ایوب سختیانی مزید کہتے ہیں

کہ فقہاء کے اختلافات سے واقف شخص فتویٰ دینے میں زیادہ محتاط ہوتا ہے۔

امام مالک فرماتے ہیں: فتویٰ دینے کا جواز اسی کو حاصل ہے جس کے علم میں صحابۂ کرام کے اختلافات اور ناسخ و منسوخ کی تفصیل ہو۔

یحییٰ بن سلام کہتے ہیں: جس شخص کو سلف کے اختلافات سے واقفیت حاصل نہیں ہے اسے فتویٰ نہیں دینا چاہیے۔ جسے ان کے مختلف اقوال کا علم نہیں ہے اس کے لیے یہ کہنا جائز نہیں ہے کہ یہ امر میرے نزدیک پسندیدہ ہے۔

سعید بن ابو عروبہ کہتے ہیں: جو اختلاف رائے کو نہ سن سکے اسے عالم نہ سمجھو۔

قبیصہ بن عقبہ کا قول ہے: جو اہل علم کے اختلافات کو نہ جانے وہ (فقہ کے میدان میں) کامیاب نہیں ہو سکتا۔

علامہ شاطبی کہتے ہیں: اس سلسلہ کے اور بھی اقوال ہیں۔ ان کا مطلب یہ نہیں ہے کہ مختلف فقہی آراء کو حفظ کر لیا جائے، بلکہ ان کے مواقع اختلاف (موقع و محل) سے واقفیت ہو اور یہ اسی وقت ہو گا جب غور و فکر سے کام لیا جائے (اور صحیح رائے جاننے کی کوشش کی جائے)۔

علامہ شاطبی نے اس بات پر بڑا زور دیا ہے کہ کسی مسئلہ میں بہت سی رائیں ہو سکتی ہیں۔ صحابۂ کرام کے درمیان بھی رایوں کا اختلاف رہا ہے۔ یہ سب رائیں بہ یک وقت صحیح نہیں قرار دی جا سکتیں۔ مفتی اور مجتہد کا کام یہ ہے کہ ان میں سے جو رائے دلیل کے لحاظ سے قوی ہو اسے ترجیح دے اور اس پر عمل کرے۔

اس کے ساتھ اس حقیقت کو بھی نظر انداز نہیں کیا جا سکتا کہ کسی بھی شخص کا اجتہاد کتاب و سنت کے قائم مقام نہیں ہے، اس لیے وہ حرفِ آخر بھی نہیں ہے۔

کسی اجتہاد کو آخری حیثیت دے دی جائے تو اجتہاد کا عمل آگے نہیں بڑھ سکتا۔ حضرت امام ابو حنیفہؒ کا رویہ ہمارے لیے بہترین مثال ہے۔ وہ کہتے ہیں: جب کوئی حکم اللہ کی کتاب میں مل جائے، یا ثقہ راویوں نے رسول اللہ ﷺ سے روایت کیا ہو تو پھر میں کسی طرف نہیں دیکھتا۔ اگر کسی مسئلے میں صحابہؓ کے اقوال مختلف ہوں تو اُن میں ترجیح دیتا ہوں، اُن سے باہر نہیں جاتا، لیکن جب معاملہ ابراہیم نخعیؒ، شعبیؒ، حسن بصریؒ، ابن سیرینؒ اور سعید بن مسیبؒ وغیرہ تک پہنچ جاتا ہے تو سمجھتا ہوں کہ جس طرح انھوں نے اجتہاد کیا، اسی طرح مجھے بھی اجتہاد کا حق ہے۔

انفرادی فتویٰ اور اجتہاد کی ضرورت ہمیشہ رہی ہے۔ اس ضرورت کو دور اول کے ائمہ وفقہاء بذریعہ اتم پوری کرتے رہے ہیں۔ بعد کے ادوار میں ان ہی کی روشنی میں علماء نے احکام دین کی وضاحت کی اور فتوے جاری کیے۔ آج تک یہ سلسلہ جاری ہے۔ ان میں کہیں کہیں اجتہادی رنگ بھی نظر آتا ہے۔ لیکن بعض مسائل اجتماعی غور و فکر اور فیصلہ کا تقاضا کرتے ہیں۔ موجودہ دور میں معیشت، معاشرت، تمدنی تقاضے، سیاست، قانون، طب و صحت کے مسائل اور ماحولیات جیسے مختلف میدانوں میں اتنے مسائل درپیش ہیں کہ قدیم فقہی ذخیرہ میں ان کا براہِ راست جواب نہیں مل سکتا۔ یہ مسائل اتنے پیچیدہ ہیں کہ ان کے سلسلے میں اسلام کے نقطۂ نظر کو واضح کرنا کسی ایک فرد کے لیے آسان نہیں ہے۔ اس لیے ضرورت ہے کہ اسلامی علوم کے ماہرین اور جدید مسائل پر نظر رکھنے والے افراد جمع ہوں اور غور و فکر کے ذریعہ کسی نتیجہ تک پہنچیں۔ یہ ایک طرح سے خلفاء راشدین کا اسوہ ہے۔ جن مسائل میں حکم شریعت واضح نہیں ہوتا ان میں وہ ان اصحاب سے مشورہ کرتے

جو علم و آگہی اور تفقہ میں معروف تھے اور ایک دوسرے کی معلومات سے فائدہ اٹھاتے۔ اس پہلو سے حضرت ابو بکرؓ اور حضرت عمرؓ کا عمل بہت نمایاں ہے۔ امام ابو حنیفہؒ نے بھی بڑی حد تک یہی طریقہ اختیار کیا۔ وہ حسب ضرورت اپنے تلامذہ سے مشورہ کرتے اور باہم تبادلۂ خیال کے بعد کسی نتیجہ تک پہنچتے۔ موجودہ دور میں اس مقصد کے لیے سمینار اور مجالسِ مذاکرہ منعقد کیے جاتے ہیں۔ فقہی مسائل پر غور فکر کے لیے اسلامی ممالک میں متعدد اکیڈیمیاں قائم ہیں۔ ہمارے ملک میں بھی کئی سال سے اسلامی فقہ اکیڈمی سرگرم عمل ہے۔ بحث و تمحیص کے ذریعہ اس کے جو فیصلے سامنے آتے ہیں ان کا وزن محسوس کیا جاتا ہے۔

***